Photographies : Bertrand Mussotte
Illustrations : Pascal Poujol
Direction artistique : Danielle Capellazzi
Conception graphique : Claude Poirier
Edition : Christine Hooghe

Dépôt légal : mai 2000
Imprimé en Belgique par Proost
ISBN : 2-215-02131-4
ISSN : 1285-5677
3ème édition – n° 92164

Loi n° 49-956 du 16 juillet 1949 sur les publications destinées à la jeunesse.

les activités fleurus

49

PINCES À LINGE FANTAISIE

Céline Markovic

À Laure et Julie

EDITIONS FLEURUS

Éditions Fleurus, 15-27 rue Moussorgski, 75018 Paris

Matériel et conseils

Pinces

Pinces en bois
La majorité des modèles du livre est réalisée avec des pinces classiques en bois. Elles se présentent en sachets, déjà décortiquées, dans les magasins de loisirs créatifs, ou avec leur ressort, en grandes surfaces et drogueries.
Ces pinces existent en taille standard d'environ 7 cm de long, et en petits et grands modèles (magasins de loisirs créatifs ou de décoration).

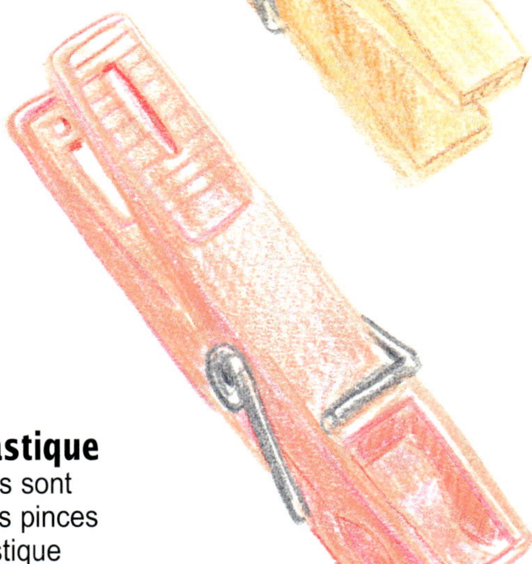

Pinces en plastique
Certains modèles sont réalisés avec des pinces standard en plastique (drogueries ou grandes surfaces) ou des petites pinces en plastique (rayons papeterie ou arts de la table).

Pinces rondes

Pour d'autres modèles on utilisera des pinces rondes en bois (en magasins de décoration pour la maison).
Si vous ne parvenez pas à vous procurer ce type de pinces, il est toujours possible de les remplacer par un tourillon de bois de 1 cm de diamètre et de 10 cm de long sur lequel on colle une perle.

Pince ou demi-pince ?

Lorsque nous parlons d'une pince, il s'agit toujours d'un seul élément, c'est-à-dire, une demi-pince.

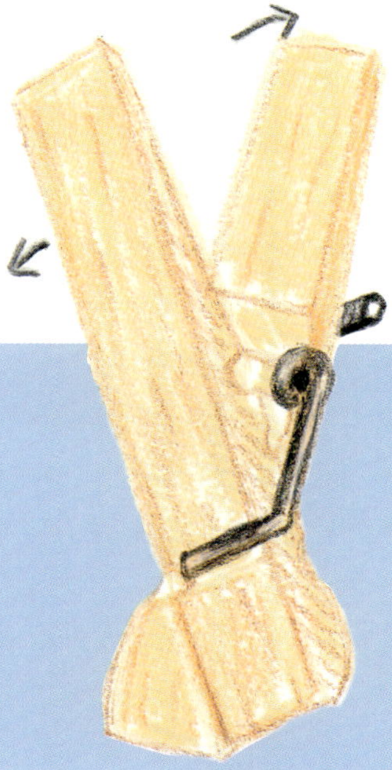

Astuce

Pour décortiquer les pinces complètes, il faut les tourner dans le sens opposé au ressort. Attention aux doigts pendant cette opération.

Outils

• Une lime et une petite scie

Pour certains modèles vous aurez besoin de raccourcir les pinces avec une petite scie manuelle ou une lime à bois. Pour plus de commodité, placez la pince à raccourcir dans un étau.

• Papier de verre fin

Nous vous conseillons de poncer les pinces avant de les coller ou de les peindre. Cela permet une meilleure adhérence et une finition plus nette.

Attention

L'utilisation de la scie et de la lime doit se faire en présence d'un adulte.

Peinture

Plusieurs qualités de peinture sont possibles. La peinture acrylique et les peintures spécialement conçues pour le bois, très couvrantes, donneront de bons résultats. Ces peintures sèchent généralement assez vite. La gouache, moins couvrante, laisse transparaître les veines du bois et permet d'obtenir des effets de lasure.

Collage

• Collage des pinces en bois

La colle la plus adaptée est la colle à bois à prise rapide. Encollez les deux parties, laissez un peu sécher, remettez de la colle et assemblez. Laissez toujours bien sécher entre les étapes.
Cette colle vous servira aussi pour coller les autres éléments : perles de bois, allumettes...

• Collage des pinces en plastique

Pour ce type de collage, utilisez de préférence de la colle universelle sans solvant.

Finitions

Après séchage, les réalisations peuvent être vernies pour obtenir un aspect brillant ou mat. Elle se garderont, ainsi, mieux dans le temps.

Dominos acidulés

Matériel
- Pinces en bois standard,
- colle,
- peinture.

1 Pour un jeu de 28 dominos, coller 2 pinces ensemble. Laisser sécher.

2 Peindre chaque domino de deux couleurs et la rainure d'une troisième couleur. Laisser sécher.

3 Peindre les pois de chaque côté de la rainure. Pour un jeu complet, il faut toutes les combinaisons, sans oublier les doubles et les « blancs ».

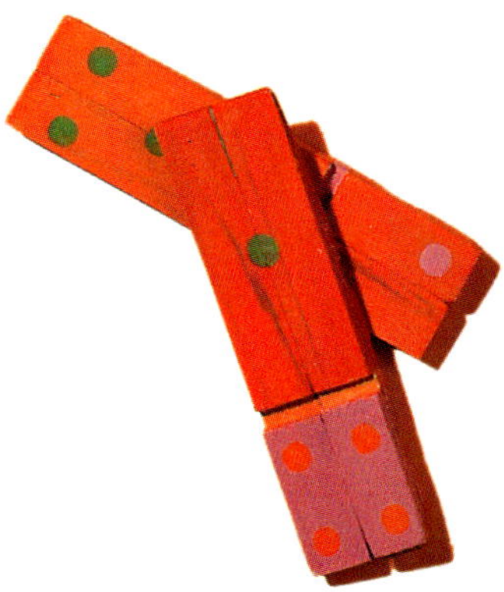

Les combinaisons de pois :

0/0	0/1	0/2	0/3	0/4	0/5	0/6
1/1	1/2	1/3	1/4	1/5	1/6	
2/2	2/3	2/4	2/5	2/6		
3/3	3/4	3/5	3/6			
4/4	4/5	4/6				
5/5	5/6					
6/6						

Règle du jeu
On retourne tous les dominos, les pois contre la table : c'est la pioche. Chaque joueur prend 7 dominos et les place devant lui, sur la tranche, sans les montrer aux autres joueurs. Celui qui a le double-six commence. Si personne ne l'a, c'est celui qui a le double-cinq, le double-quatre... Ensuite chaque joueur, à son tour, tente de raccrocher ses dominos au jeu. Il pioche s'il ne peut pas poser de domino et pose le domino pioché ou passe son tour. On rejoue quand on pose un double. Le premier qui n'a plus de dominos a gagné.

Drôles de bêtes

Matériel
- Pinces standard en bois avec ressort, plus une petite pince pour la chenille,
- allumettes,
- fil de fer gainé vert,
- perles en bois assorties,
- cure-pipes,
- colle et peinture,
- bouchons de liège.

L'abeille

1 Peindre une pince entière en jaune. Laisser sécher. Peindre les rayures.

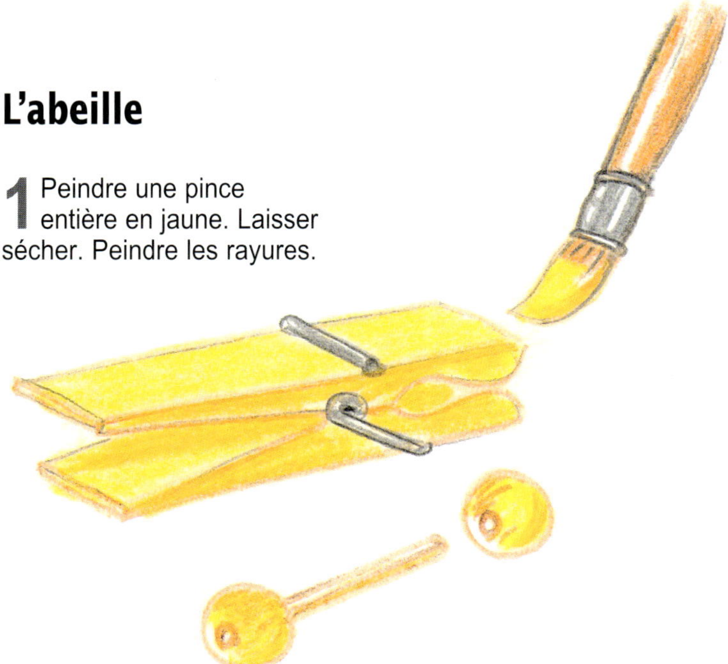

2 Pour les yeux, couper une allumette en deux. Coller une perle à chaque extrémité. Pour les antennes, coller une perle à chaque extrémité d'un morceau de cure-pipe jaune replié. Placer les yeux et les antennes dans le creux de la pince.

3 Glisser un morceau de cure-pipe dans le trou du ressort. Le replier pour former les ailes. Rentrer chaque extrémité dans le trou du ressort.

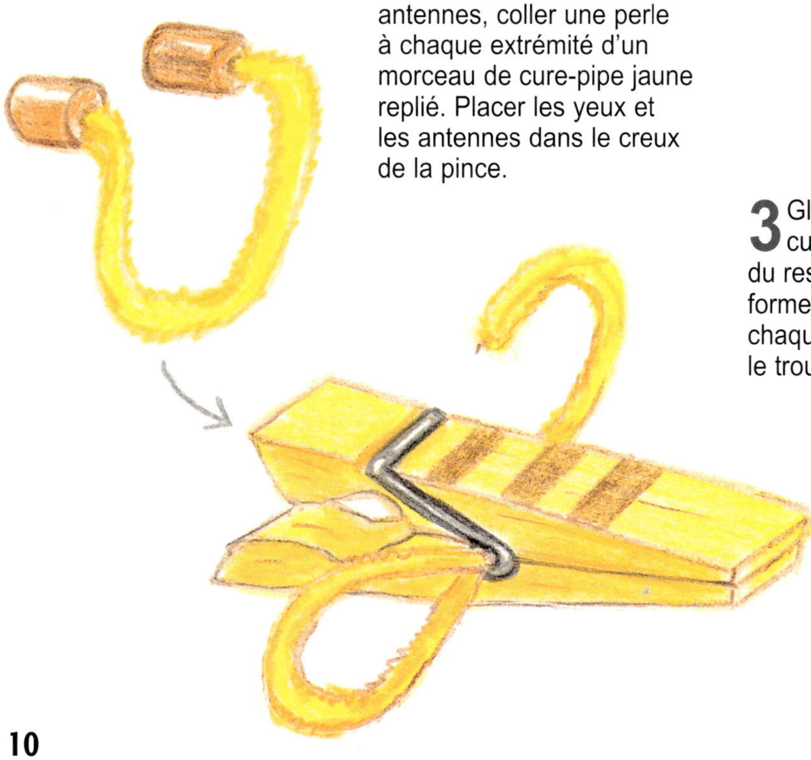

Drôles de bêtes

Le criquet

1 Peindre une pince entière en vert. Faire les yeux comme pour l'abeille.

2 Glisser un morceau de fil de fer vert dans le trou du ressort, et le plier pour former les pattes.

La chenille

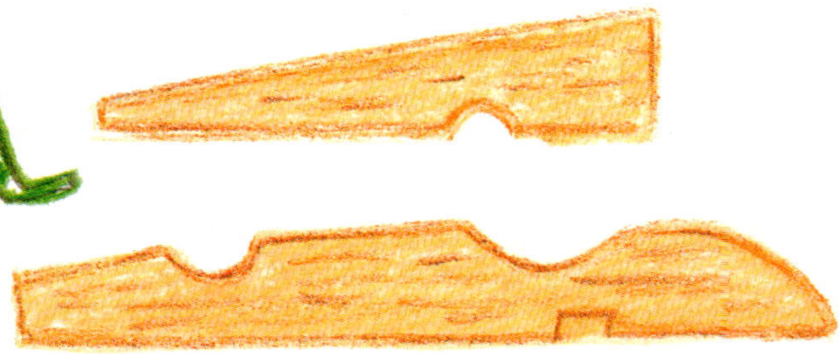

1 Scier l'extrémité d'une pince standard, et une petite pince à la moitié. Coller les pinces bout à bout.

2 Coller des perles de couleur ou peintes, de différentes tailles. Veiller à placer le trou de la perle de la tête vers le haut.

3 Pour les antennes, coller 2 morceaux d'allumettes sur la perle de la tête.

L'escargot

1 Peindre une pince entière en rouge. Former les antennes comme pour l'abeille et les pincer.

2 Pour la coquille, enfiler quelques perles sur un morceau de cure-pipe et l'enrouler. Glisser l'extrémité du cure-pipe dans le trou du ressort et le recourber pour maintenir la coquille en place.

Finitions
Coller les animaux terminés sur des bouchons ou les laisser tels quels, pour en faire des bibelots.

Petites têtes

Matériel

- Pinces entières en plastique : standard et petites,
- carton,
- yeux mobiles,
- perles, pompons, boutons,
- perforatrice,
- papier de couleur,
- peinture,
- colle universelle sans solvant.

Grâce à ces petites têtes, les invités ne mélangeront pas leurs verres ou leurs serviettes, et une fois la fête terminée, chacun en conservera un petit souvenir.

1 Tracer et découper, sur du carton, des triangles, des ronds ou des rectangles...

2 Peindre les formes recto et verso d'une ou plusieurs couleurs.

3 Coller des yeux mobiles, des confettis découpés à la perforatrice dans le papier de couleur, des boutons, des perles... Ajouter des petites pinces.

4 Coller la petite tête à une pince en plastique. Coller un pompon ou une perle pour le nez sur la pince.

Animaux dingos

Matériel
- 2 pinces géantes en bois,
- pinces en bois standard,
- allumettes,
- perles en bois,
- colle et peinture.

La grenouille

1 Peindre 8 pinces en vert et 4 en vert et orange. Laisser sécher.

2 Coller deux fois quatre pinces ensemble pour le corps. Coller deux fois deux pinces ensemble pour les pattes.

3 Coller les deux rangées de quatre pinces en les décalant légèrement. Coller les pattes sous le corps.

4 Peindre les pois sur le dos et les pattes, et les lèvres. Coller les perles pour les yeux.

3 Enfiler une allumette dans le ressort et fixer une perle à chaque bout pour les yeux.

Le crocodile

1 Scier des petits morceaux de pinces standard de différentes tailles pour les six dents et les quatre pattes. Démonter 1 pince géante (demander à un adulte de retirer le ressort).

2 Peindre toutes les pièces, sans oublier la pince standard pour la queue. Laisser sécher. Coller la pince géante décortiquée en la décalant, puis coller le tout à la pince géante entière. Coller les pattes, la queue et les dents.

Alphabet coloré

Matériel

- Pinces en bois : standard et petites,
- perles en bois,
- carton ondulé de couleur,
- lacet de couleur,
- peinture,
- colle,
- perforatrice.

Chacun peut accrocher l'initiale de son prénom à la poignée de porte de sa chambre.

1 Tracer des carrés de 13 x 13 cm sur l'envers du carton. Découper.

2 Placer les cannelures du carton verticalement. Faire un trou en haut à la perforatrice.

3 Disposer les pinces sur la table pour former une lettre. Il faudra éventuellement couper les pinces pour certaines lettres.

4 Peindre des motifs sur les pinces. Laisser sécher.

5 Coller les pinces sur le carton. Nouer 10 cm de lacet pour l'attache.

Chambre miniature

Matériel

- Pinces en bois : standard et petites,
- bâtonnets,
- perles de couleur,
- colle et peinture,
- feutrine,
- ciseaux cranteurs,
- yeux mobiles.

Les lits superposés

Pour les matelas, coller 4 pinces standard ensemble. Faire les montants des lits avec 4 pinces. Coller des bâtonnets autour des lits pour faire les barrières. Découper les oreillers et la couverture dans la feutrine.

L'échelle

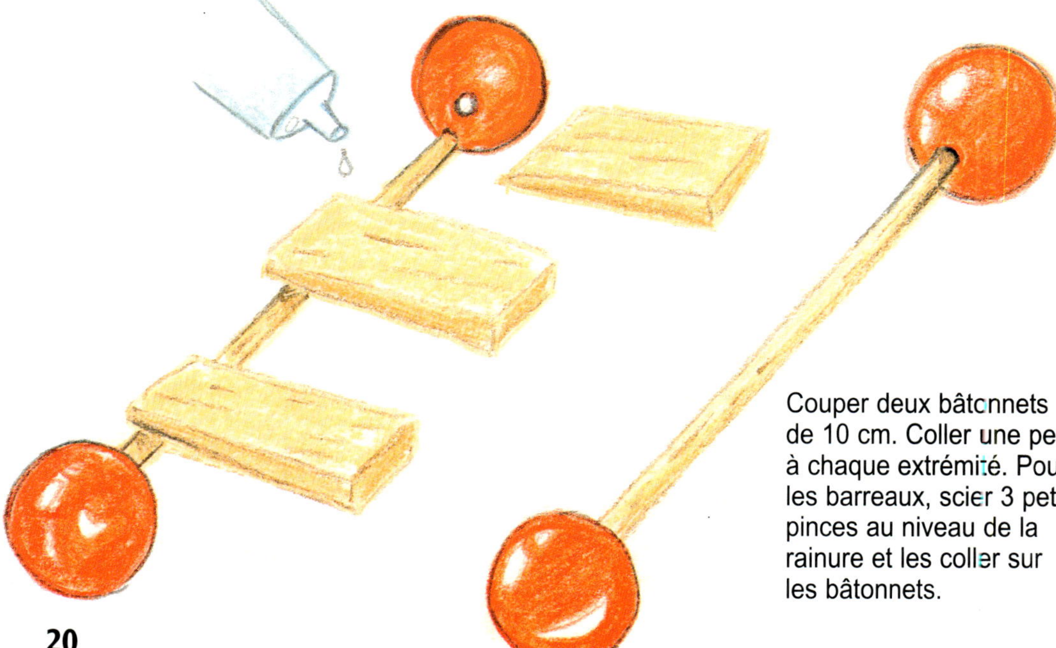

Couper deux bâtonnets de 10 cm. Coller une perle à chaque extrémité. Pour les barreaux, scier 3 petites pinces au niveau de la rainure et les coller sur les bâtonnets.

Chambre miniature

La chaise

Scier 4 petites pinces au niveau de la rainure, et les coller côte à côte pour former l'assise. Coller 2 pinces derrière pour les pieds et le dossier. Pour les pieds de devant, coller 2 chutes de pinces. Couper et coller, dans le creux des pinces, 2 bâtonnets à l'arrière et un à l'avant. Peindre des pois sur l'assise.

Le parc

Couper 4 bâtonnets de 7 cm. Coller une perle à chaque extrémité. Coller 6 petites pinces face à face sur chaque bâtonnet : se servir du trou supérieur des pinces pour deux bâtonnets et du trou inférieur pour les deux autres. Disposer les barrières en carré pour former le parc.

Le cheval

Coller une petite pince de chaque côté d'un bâtonnet, en le logeant dans le trou. Découper un rectangle de feutrine de 2 x 4 cm pour la crinière, le franger et le coller sur le bâtonnet. Pour la tête, coller une fine bande de feutrine autour du nez, puis les yeux mobiles et des chutes de pinces pour les oreilles.

Le ballon

Le ballon est une perle de bois sur laquelle on a peint des quartiers.

Oiseaux fluos

Matériel

- Pinces en plastique avec ressort : standard et petites,
- plumes de couleur,
- petits pompons et perles assorties,
- fil de Nylon,
- fil plastique ou ficelle.

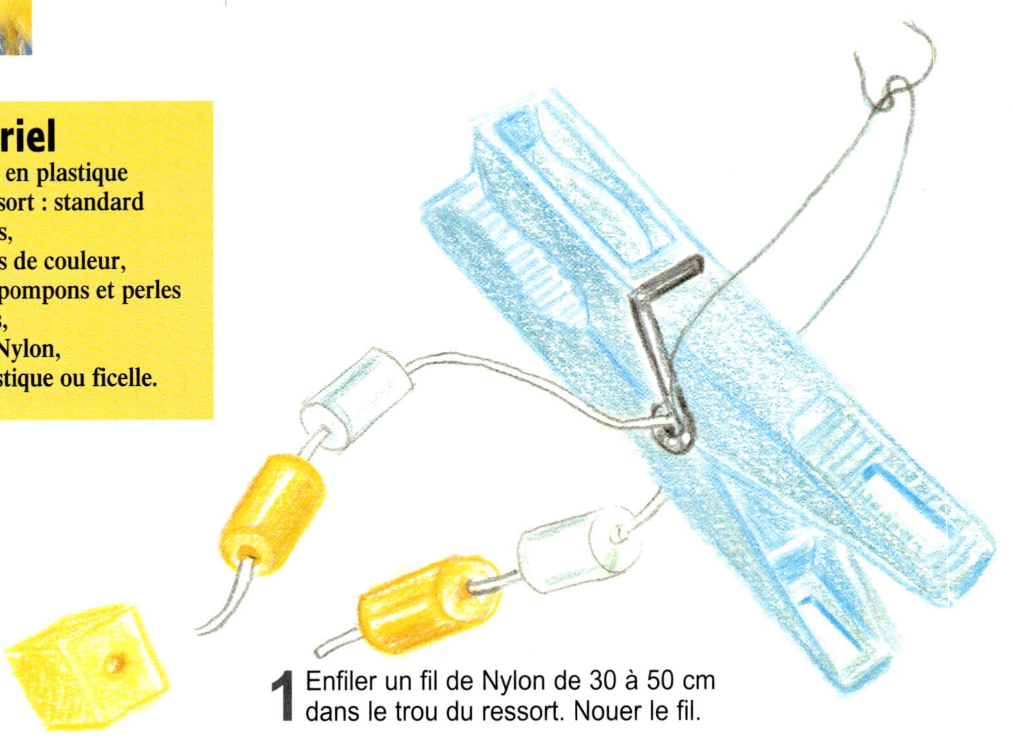

1 Enfiler un fil de Nylon de 30 à 50 cm dans le trou du ressort. Nouer le fil.

2 Enfiler un morceau de fil plastique dans le trou. Pour les pattes, fixer une petite pince à chaque extrémité, ou enfiler des perles et faire un nœud.

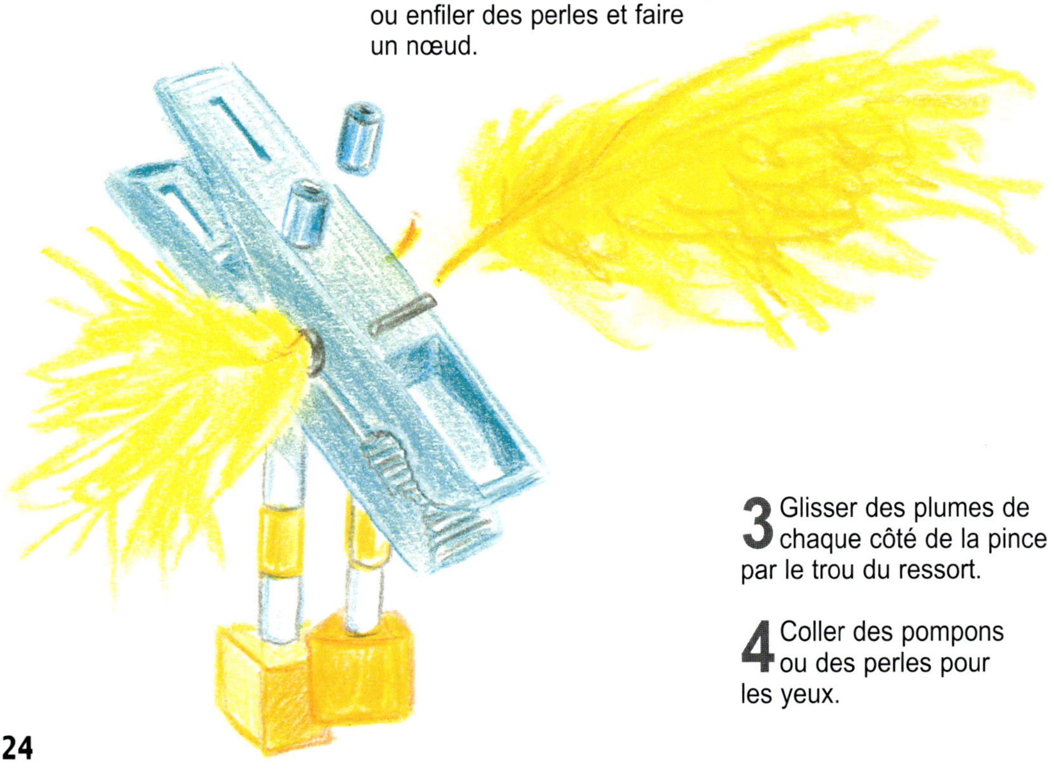

3 Glisser des plumes de chaque côté de la pince par le trou du ressort.

4 Coller des pompons ou des perles pour les yeux.

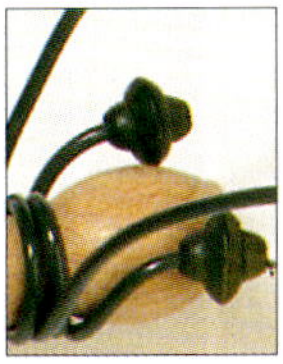

Sauterelles nature

Matériel
• Pince ronde en bois, petites pinces à linge entières en bois,
• fil de fer gainé vert,
• perles de couleur,
• colle et peinture.

1 Peindre 4 petites pinces et bien laisser sécher.

2 Fixer les petites pinces sur une pince ronde.

3 Enrouler un morceau de fil de fer autour du cou et coller les perles pour les yeux à chaque extrémité. Recommencer avec un fil de fer plus long pour les antennes.

Astuce
La pince ronde peut être remplacée par un tourillon de bois et une perle collée (voir page 6).

Monstres en couleurs

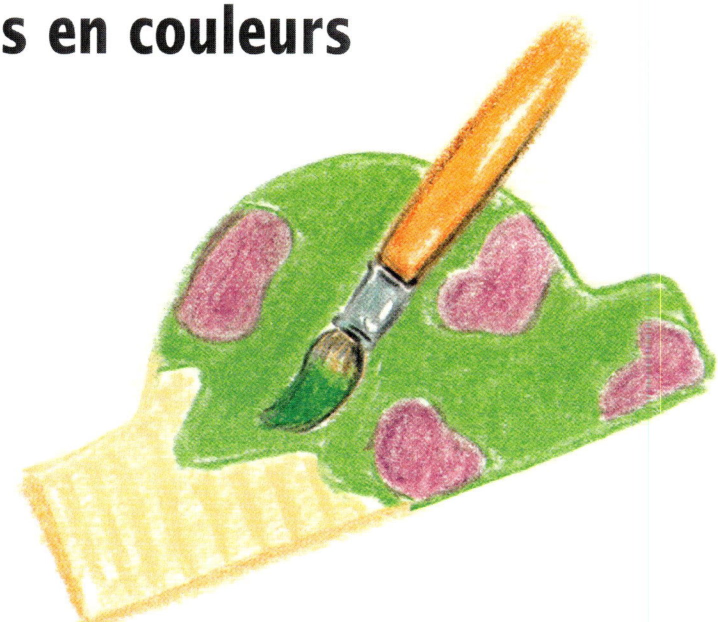

Matériel

- Pinces à linge entières en plastique : standard et petites,
- carton,
- peinture,
- ciseaux ou cutter.

1 Décalquer les patrons des pages 2, 3, 46 et 47 et les reporter sur du carton. Découper aux ciseaux ou au cutter (avec un adulte).

2 Dessiner des motifs : pois, taches, spirales... Peindre. Bien laisser sécher.

Conseil

Pour trouver son équilibre, chaque monstre est constitué d'au moins un corps, un cou, une tête, des pattes, et éventuellement une queue.

3 Assembler les formes entre elles avec les pinces standard.

4 Décorer avec les petites pinces.

Ani'plastique

Matériel

- Pinces entières en plastique standard
- colle blanche sans solvant.

Pour le lapin :

- 2 petites pinces entières en plastique,
- 2 boutons,
- 1 bâtonnet.

Pour le serpent :

- 2 perles en bois,
- cure-pipe,
- allumettes.

Le lapin

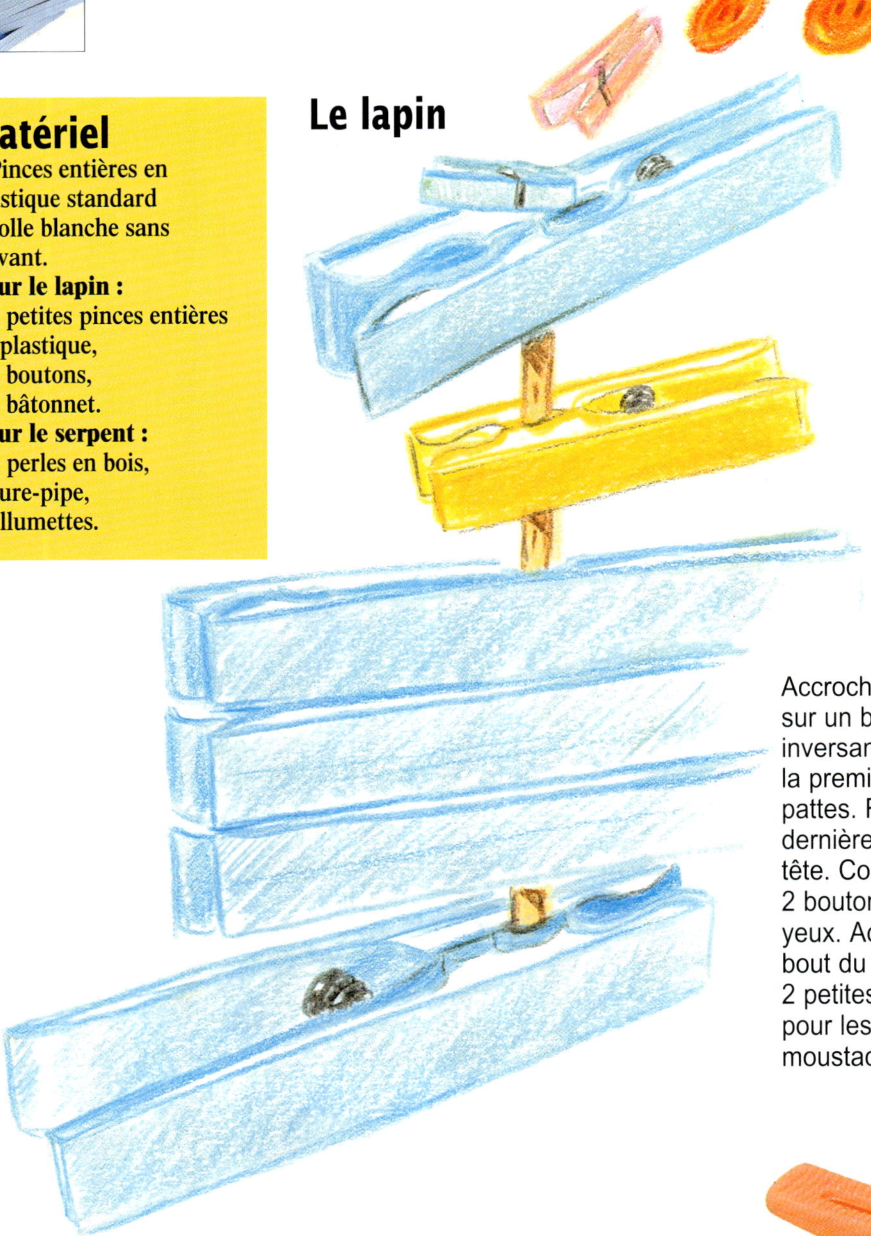

Accrocher 6 pinces sur un bâtonnet en inversant le sens de la première pour les pattes. Relever la dernière pour la tête. Coller 2 boutons pour les yeux. Accrocher au bout du bâtonnet 2 petites pinces pour les moustaches.

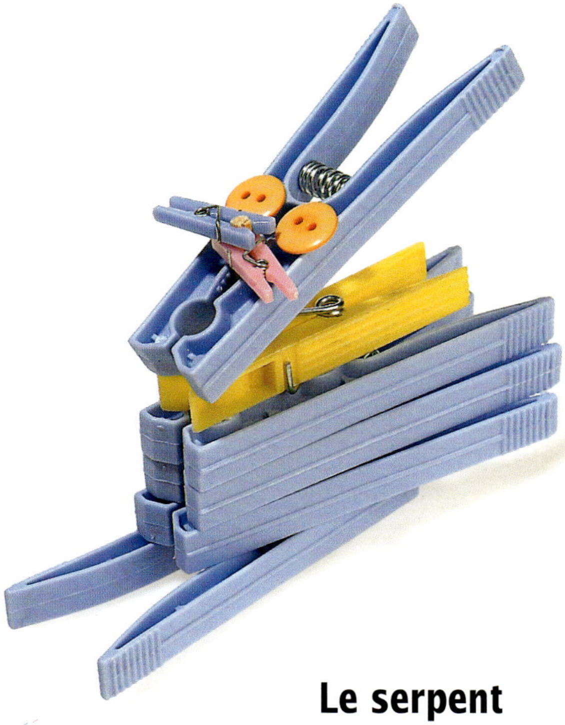

Le serpent

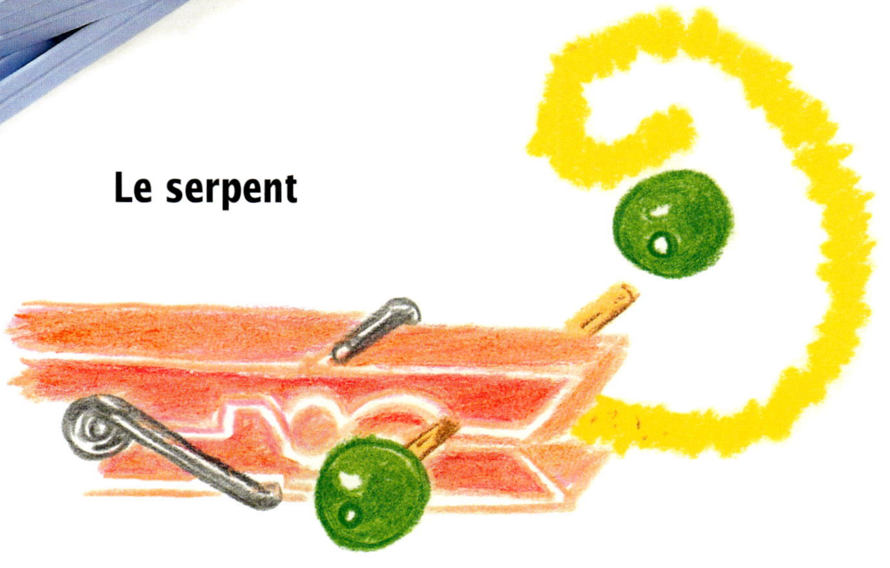

Assembler 4 pinces bout à bout. Couper une allumette en deux, et y fixer une perle à chaque extrémité. Glisser l'allumette dans le creux de la première pince. Enrouler un morceau de cure-pipe et le pincer.

Au jardin

Matériel

- Pinces en bois : standard, petites, rondes,
- bâtonnets,
- raphia,
- ruban,
- perles,
- colle et peinture,
- carton ondulé.

Les barrières

Pour chaque barrière, peindre une dizaine de petites pinces sur la face plate. Coller les pinces, au niveau du creux du ressort, de part et d'autre d'un bâtonnet de 15 à 20 cm.

La pelle

Recouper 3 petites pinces et les peindre en vert. Coller les pinces raccourcies ensemble, puis coller le tout sur une petite pince pour le manche.

Le râteau

Scier l'extrémité de 3 petites pinces pour faire les dents, et les peindre en vert. Coller les dents le long d'une petite pince. Coller une autre pince pour le manche.

Au jardin

La cabane

Coller 6 pinces standard ensemble pour le toit. Laisser sécher et peindre en rouge. Découper un rectangle de carton ondulé de 20 x 10 cm, le plier en U et coller le toit dessus. Peindre des tomates sur 6 petites pinces et les coller de chaque côté de la cabane.

Le grand jardinier

Peindre le tablier et la moustache sur une pince ronde. Couper l'extrémité de 3 pinces standard pour les pieds et la casquette. Peindre la casquette. Coller les pieds et la casquette. Nouer du raphia et du ruban autour du cou.

Le petit jardinier

Procéder comme pour le grand jardinier, en remplaçant la pince ronde par deux petites pinces collées ensemble et surmontées d'une perle.

L'épouvantail

Coller 2 pinces standard.
Glisser des brins de raphia
par le trou des pinces. Enfiler
et coller d'autres brins dans une
perle. Coller le raphia le long de la pince.
Nouer un ruban en vichy sous la perle.

Les légumes

Dessiner des carottes,
des navets ou d'autres
légumes sur le côté plat
de petites pinces.
Peindre.

Le banc

Peindre 2 pinces standard, laisser sécher
et les coller ensemble en inversant leur sens.
Raccourcir 2 petites pinces pour les pieds
avant du banc. Coller les pieds du banc :
2 pinces longues à l'arrière, les 2 pinces
recoupées devant. Coller un petit bâton
en travers pour le dossier.

Totems étonnants

Matériel

- Pinces en bois : standard et petites, avec ressort et décortiquées,
- 2 tourillons de bois d'1 cm de diamètre et de 25 cm de long,
- bobine en bois,
- perles de bois,
- ficelle,
- peinture et colle.

Le grand oiseau

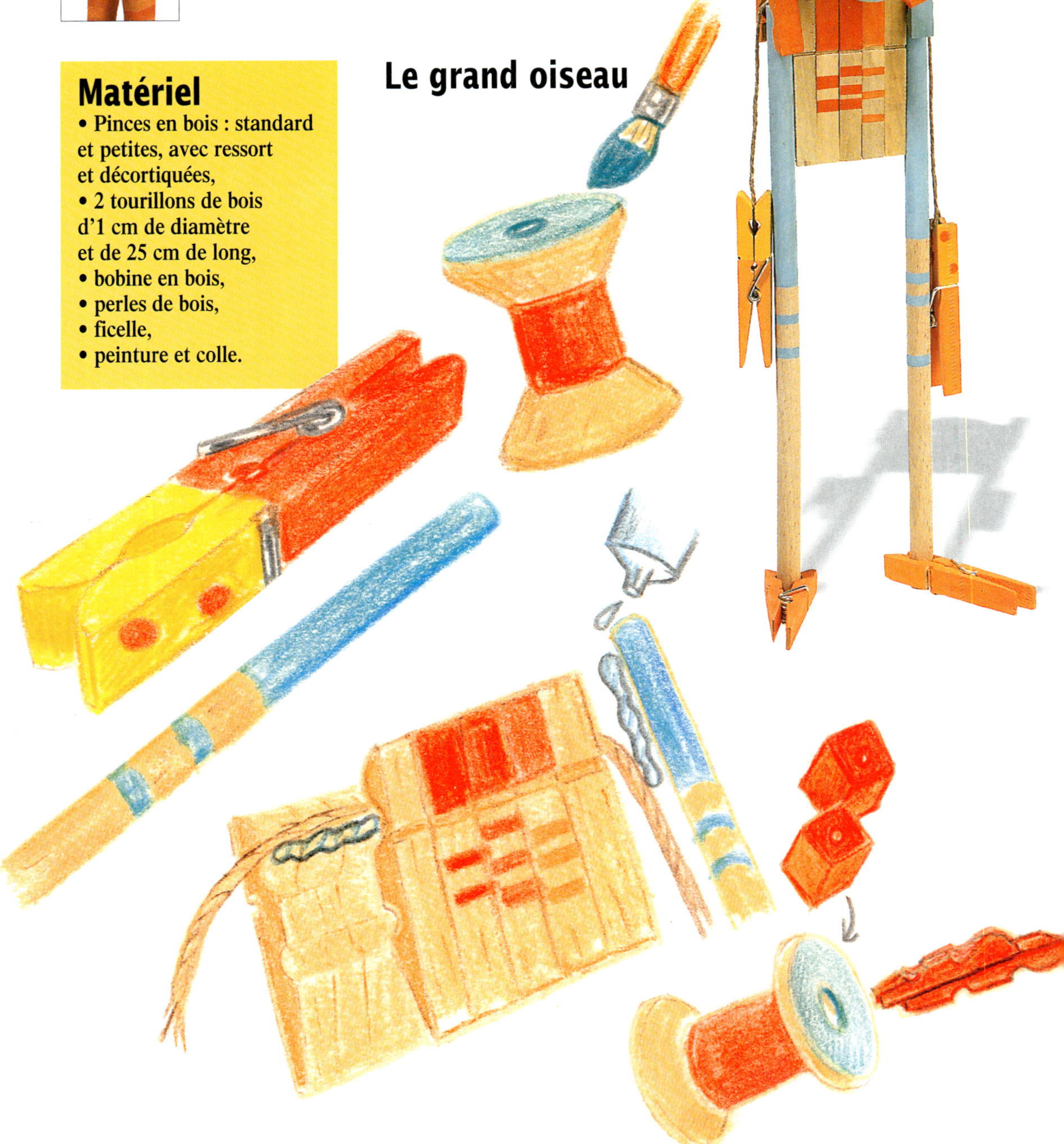

1 Peindre les éléments : les tourillons, 6 pinces standard avec ressort pour les pieds, les mains et les épaules, les pinces pour le corps, la bobine et 2 petites pinces pour le bec. Laisser sécher.

2 Pour le corps, coller 2 rangées de 5 pinces. Coller les deux rangées face à face en insérant une ficelle de 20 cm. Coller les tourillons de chaque côté.

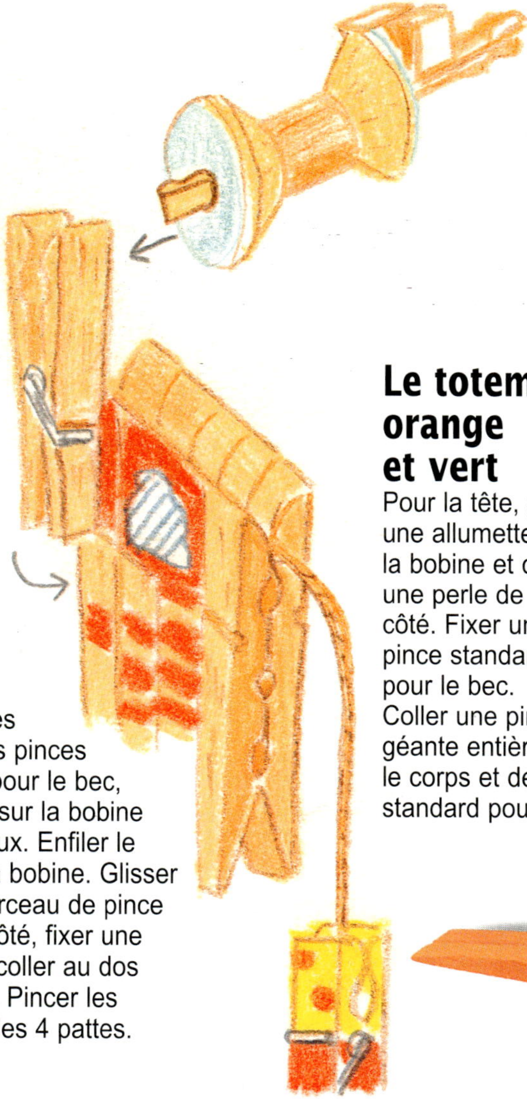

3 Coller les 2 petites pinces en décalé pour le bec, et 2 perles sur la bobine pour les yeux. Enfiler le bec dans la bobine. Glisser un petit morceau de pince de l'autre côté, fixer une pince et la coller au dos de l'oiseau. Pincer les épaules et les 4 pattes.

Le totem orange et vert

Pour la tête, glisser une allumette dans la bobine et coller une perle de chaque côté. Fixer une pince standard entière pour le bec. Coller une pince géante entière pour le corps et des pinces standard pour les pieds.

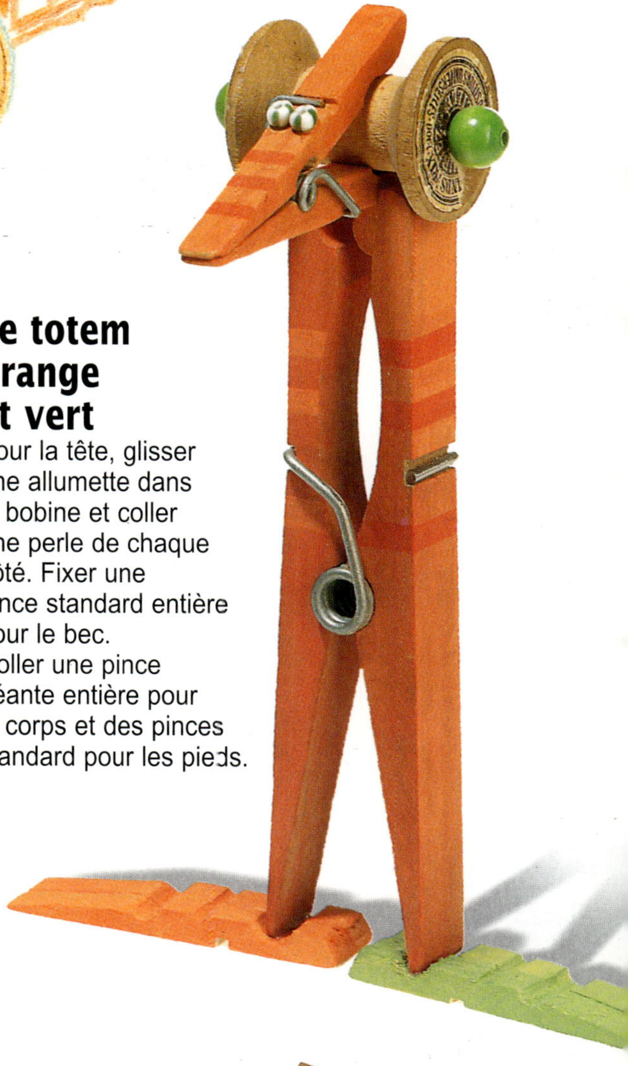

Les petits totems

Ils sont réalisés à partir de pinces rondes et de pinces standard entières ou décortiquées. La tête est un coin de bois ou un morceau de bouchon de liège.

Bonshommes à semer

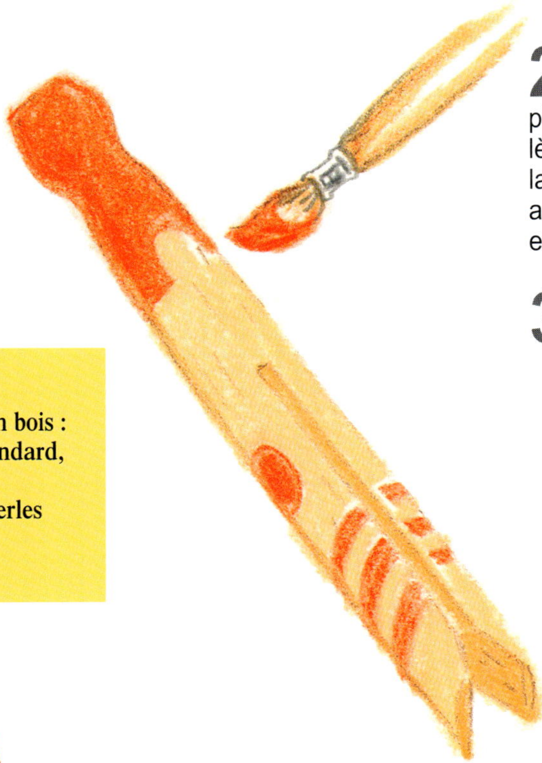

Matériel

- Pinces entières en bois : rondes, petites, standard,
- bâtonnets,
- assortiment de perles en bois,
- peinture et colle.

1 Peindre le visage et le vêtement sur une pince ronde : cheveux, joues, bouche, rayures, pois... Laisser sécher. Coller 2 petites perles pour les yeux.

2 Scier et peindre des petits morceaux de pinces pour le nez ou les lèvres, et les coincer dans la fente. On peut aussi accrocher une petite pince entière en guise de nez.

3 Enfiler le personnage sur un petit bâton.

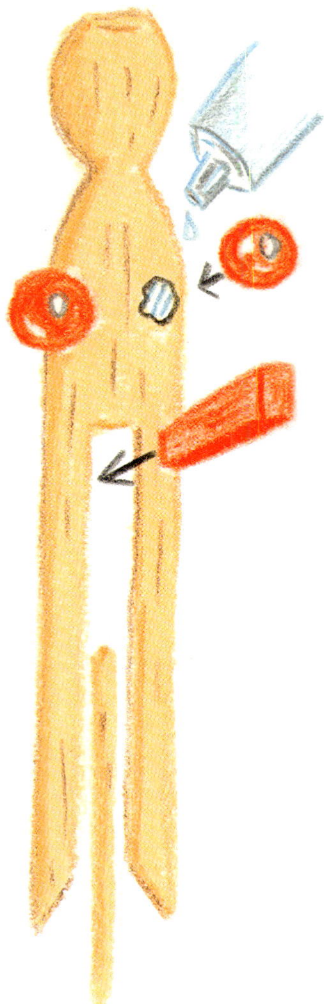

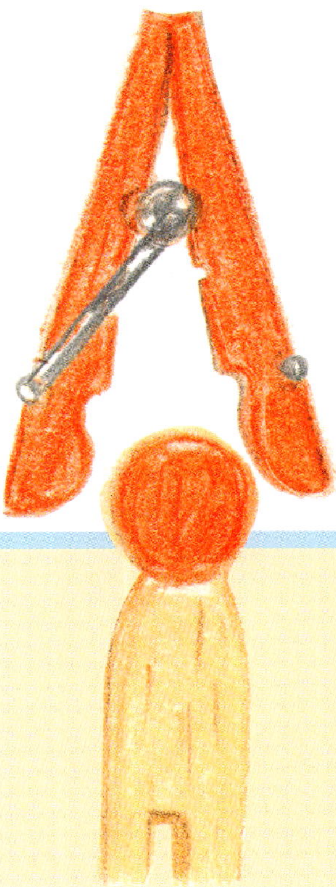

Astuce

Pour faire un chapeau, utiliser une pince avec son ressort.

Chenilles porte-courrier

Matériel

- Une pince ronde ou un tourillon de bois de 1 cm de diamètre,
- pinces en bois avec ressort : standard et petites,
- perles et petits pompons,
- fil de fer gainé vert,
- colle et peinture.

1 **Pour la chenille orange :** Scier 5 pinces standard à différentes hauteurs, la sixième reste entière.
Pour la chenille bleue : Choisir 3 pinces standard et 3 petites pinces.

2 Peindre les pinces et les laisser sécher.

Astuce
Les petits pompons peuvent être remplacés par des perles.

3 Accrocher les pinces sur une pince ronde ou sur un tourillon de 10 cm de long.

4 La tête de la chenille orange : Coller 2 perles à l'extrémité de la pince ronde. Glisser des petits morceaux de fil de fer dans les trous des perles pour les antennes. Coller 2 petites perles au bout des antennes.

La tête de la chenille bleue : Coller une perle à une extrémité du tourillon. Sur la perle, coller 2 pompons en guise d'oreilles et une petite perle pour la bouche.

École buissonnière

Le plumier

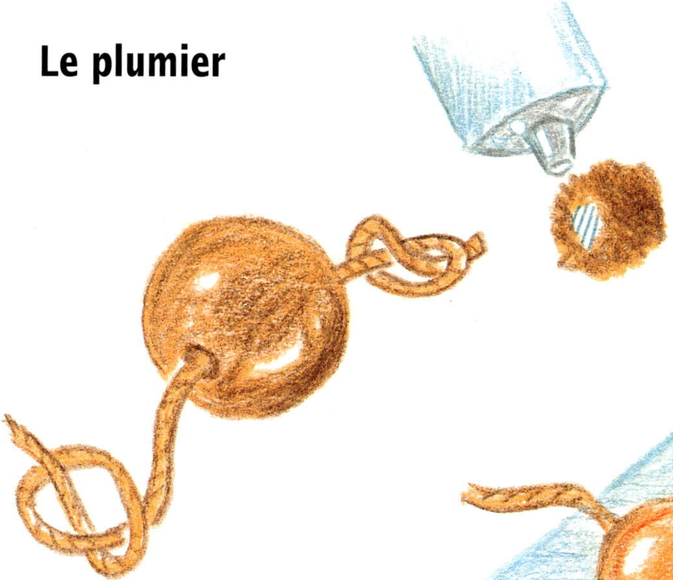

Matériel

- Une ardoise,
- un plumier en bois naturel,
- petites pinces à linge en bois,
- ficelle,
- pompons miniatures,
- perles en bois,
- colle,
- peinture.

1 Peindre en bleu les deux grands côtés, le couvercle et quatre pinces. Laisser sécher.

2 Coller les pinces bleues, des pinces naturelles et des perles sur les côtés de la boîte.

3 Pour le personnage, recouper 3 pinces pour les bras et le corps. Garder les chutes pour les oreilles. Les jambes sont des pinces non recoupées. Coller les pinces sur le couvercle.

4 Passer un morceau de ficelle dans une grosse perle pour la tête et nouer à chaque extrémité. Coller la tête, et des perles plus petites pour les pieds et les mains. Coller un pompon ou une petite perle pour le museau.

L'ardoise

Peindre les petits montants et 12 petites pinces. Coller les pinces peintes, des pinces naturelles et des pompons sur le tour de l'ardoise. Nouer un morceau de ficelle pour l'attache.

Astuce
Les petits pompons peuvent être remplacés par des perles.

Table des matières

Aux Éditions Fleurus

Collection Les activités Fleurus Junior

Masques farfelus
Nouveaux bracelets brésiliens
Perles de rocaille, bijoux et gadgets
Pinces à linge fantaisie
Scoubidou-mania
Plastique magique
Pâte à modeler colorée à cuire
Tricotin malin
Perles de rocaille fantaisie
Argile facile
Tresses et bracelets brésiliens
Bâtonnets plats
Clous et fils
Sable coloré
Pinces à linge, un monde miniature

Collection Avec mes dix doigts

Kit Pâte à modeler colorée à cuire
Kit Bijoux en perles de rocaille
Kit Bracelets brésiliens
Kit Perles de rocaille fantaisie
Kit Tresses et bracelets brésiliens

Collection Idée Kit

Kit Tissage de perles
Kit Plastique magique

Patrons

Monstres en couleurs
page 28